AF263196

PROJET

D'ÉPHÉMÉRIDES COMMUNALES

ET DE

Travail Topographique, Historique et Statistique

Soumis au Sénat et à la Société Académique de l'Aube

Par

A. THÉVENOT

Vérificateur des Poids et Mesures à Arcis-sur-Aul

NOGENT-SUR-SEINE

IMPRIMERIE ET LITHOGRAPHIE FAVEROT

—

Octobre 1861

QUESTION

RELATIVE A DIVERS INTÉRÊTS COMMUNAUX

Extrait de l'ÉCHO NOGENTAIS.

Nous recevons de M. Thévenot, vérificateur des poids et mesures à Arcis-sur-Aube, membre associé de la Société Académique de l'Aube, la communication suivante, qui touche à des intérêts trop précieux, trop importants, trop généraux pour que nous ne nous empressions pas de l'accueillir comme elle le mérite en lui donnant place dans notre journal :

« Monsieur le Rédacteur,

» La presse étant une serre chaude qui fait mûrir les bons projets et avorter les mauvais, permettez-moi d'exposer dans votre excellent journal deux jeunes *plans* sur lesquels le bienfaisant soleil de la publicité pourra exercer le plus heureux effet, afin de hâter le développement des rameaux et la production des fruits dont ils contiennent les précieux germes, pourvu toutefois que vous ne jugiez pas à propos de les exposer à l'influence fâcheuse d'un calorique beaucoup plus intense que celui dont je parle.

» Agréez, Monsieur le Rédacteur, l'assurance de mes sentiments les plus distingués,

» A. THÉVENOT. »

Projet d'Ephémérides communales et de Travail topographique historique et statistique.

—

> « Il n'y a pas un point de la France qui n'ait son intérêt, soit quant aux traditions historiques, soit sous le rapport de la beauté des paysages.
>
> » THALÈS-BERNARD. »

Nulle connaissance n'est plus utile et plus belle que celle de notre propre pays : son origine, son histoire, sa population, son industrie, tout ce qui lui appartient nous touche de trop près pour ne pas nous intéresser vivement. Cette connaissance, du reste, est en quelque sorte le corollaire et le complément de la connaissance de soi-même, dont le vrai sage fait sa première et sa plus sérieuse étude.

Indépendamment des grands événements politiques, militaires et religieux, communs à toutes les bourgades d'une même contrée, et qui sont soigneusement relatés dans nos histoires nationales, chaque centre de population, chaque village en particulier n'a-t-il pas aussi sa série de faits propres qui peuvent bien avoir également leur importance secondaire, même au point de vue général, mais que personne ne prend soin de recueillir et de conserver, et qui sont bientôt complètement oubliés ou tout à fait dénaturés? Parcourez, en effet, nos campagnes, vous y rencontrerez à chaque pas, jusque dans les plus modestes hameaux, quelque monument, quelque ruine, quelque vestige pleins du plus haut, du plus sérieux intérêt, et sur lesquels cependant personne ne saura vous donner le moindre détail, le moindre renseignement authentique. Interrogez les habitants sur n'importe quel fait local qui ne soit pas d'hier, et vous n'obtiendrez partout que des réponses négatives, douteuses, erronées ou exagérées. Enfin, essayez de consulter les archives communales, vous ne serez pas plus heureux, car souvent après de longues et laborieuses recherches, vous parviendrez à peine à réunir quelques documents isolés et toujours incomplets. Il y a dans cette négligence, dans cette ignorance et dans cet oubli un tort grave qu'il importerait beaucoup, et qu'il serait très-facile de ne pas laisser subsister plus longtemps. Il suffirait pour cela d'établir dans toutes les mairies un registre spécial d'*Éphémérides* ou *Annales communales* où seraient inscrits avec leur date et leurs circonstances tous les faits de quelque importance qui viendraient à se produire dans la commune : les sinistres, les accidents, les fêtes ou cérémonies, les démolitions, les constructions nouvelles, le résumé du mouvement de la population et de l'industrie, etc. On pourrait y ajouter, à la fin de chaque mois, une petite note sur l'état général de la température et des récoltes.

Du reste, la tenue de ce registre ne saurait présenter ni embarras ni difficultés, et les faits pourraient y être inscrits à peu près de la manière suivante :

ÉPHÉMÉRIDES DE LA COMMUNE DE.....

Année 186 .

1. — Gelée. — Dans la nuit du 17 au 18 avril, après plusieurs semaines d'une température très-douce, il fait une forte gelée qui cause d'assez grands dommages, principalement sur les seigles et sur la vigne qui étaient déjà avancés. Les dégâts sont évalués à un quart pour les seigles et à un tiers pour la vigne. Plusieurs arbres fruitiers ont aussi beaucoup soufferts, surtout les noyers dont la récolte sera à peu près nulle.

2. — Orage et Grêle. — Le 22 juin, vers les deux heures de l'après-midi, le ciel se couvre tout à coup de nuages noirs et sinistres qui courent, se heurtent et se déchirent en faisant jaillir de leurs flancs de longs éclairs accompagnés de formidables coups de tonnerre. Bientôt, à un vent très-violent, succède une grêle épouvantable qui, pendant cinq minutes, hache et ravage tout sur son passage. Les récoltes en céréales, raisin et fruits sont entièrement anéan-

ties sur une grande partie du territoire de la commune, particulièrement dans les contrées de..... La toiture et les fenêtres de plusieurs bâtiments sont aussi fort endommagées. Les beaux vitraux de la rosace qui se trouve au-dessus du grand portail de l'église sont entièrement brisés. Les pertes totales sont évaluées à 100,000 fr., dont 50,000 fr. pour les céréales, 25,000 fr. pour les vignes, 5,000 fr. pour les arbres à fruits, et 20,000 fr. pour les bâtiments.

Ce registre serait tenu en double comme celui de l'état civil, et arrêté tous les cinq ans. A la fin de chaque période, une expédition serait adressée à la préfecture pour être déposée aux archives départementales, tandis que l'autre serait conservée dans celles de la commune. Par ce moyen, chaque village garderait fidèlement le souvenir de tous les événements dont ses habitants auraient été les témoins ou les héros, et il aurait son histoire particulière toute faite que chacun pourrait facilement étudier ou consulter au besoin, et où l'on serait toujours sûr rencontrer des renseignements utiles, précis et complets.

Mais cette inscription ne peut sauvegarder que les faits de l'avenir; quant à ceux du passé, la plupart, hélas! sont aujourd'hui complètement oubliés et perdus pour jamais; d'autres, cependant, quoique non moins ignorés, ont pu jusqu'ici échapper au naufrage en surnageant à la faveur de quelques vieux parchemins que le flot des temps a poussés au fond de nos archives, où ils sont inhumés sous la poussière, et où ils achèvent de se consumer et de disparaître chaque jour. Il nous semble donc qu'il serait très-opportun et très-utile de recueillir religieusement ces précieuses épaves; de rechercher, de rassembler tous ces documents épars, et d'en former un faisceau qui servît de base et de point de départ à nos *Ephémérides*.

Cet important travail, qui embrasserait à la fois la topographie, l'histoire et la statistique de chaque commune, pourrait être confié aux instituteurs qui y trouveraient, avec un intéressant et utile emploi de leurs loisirs, une excellente occasion de se recommander d'une manière toute particulière en prouvant par là leur intelligence et leur capacité.

Un Questionnaire-Programme, dont nous donnons ci-après le spécimen, serait adressé à chacun des rédacteurs avec une circulaire renfermant toutes les instructions proprès à faciliter et à assurer la bonne exécution de l'œuvre. À une époque déterminée, tous les manuscrits seraient centralisés au chef-lieu du département où une commission choisie parmi les membres de la Société Académique, serait chargée de les revoir, de les corriger, de les coordonner et d'en préparer la publication qui pourrait former un volume par canton.

Cet ouvrage, qui aurait sa place indispensable dans toutes les bibliothèques des mairies et chez tous les vrais amis de leur pays, serait mis en vente au profit de la Société qui aurait fait les frais de publication. Des primes ou des médailles pourraient être accordées aux collaborateurs les plus méritants.

Nous ajouterons que le moment de mettre ces deux projets à exécution nous semblerait surtout merveilleusement opportun cette année même, où vient d'avoir lieu le recensement quinquennal de la population et le dénombrement décennal de l'industrie manufacturière. Enfin, nous pensons qu'il appartient particulièrement à la Société Académique de l'Aube, — dépositaire et gardienne fidèle de tous nos trésors historiques et artistiques, — d'en favoriser et d'en hâter la réalisation.

Questionnaire-Programme topographique, historique et statistique *.

Commune de. . . . .

—

1° TOPOGRAPHIE.

1. — *Position géographique.* — Longitude, latitude, altitude, distance et direction des principaux centres.

2. — *Situation et aspect physique.* — Description pittoresque du pays, village, hameau, etc.

3. — *Etendue et bornes du territoire.* — Longueur, largeur, circonférence, superficie, territoires limitrophes.

4. — *Division territoriale.* — Tableau des sections, lieux dits et parcelles d'après le cadastre.

5. — *Nature et composition du sol.* — Description géo-

* La plupart des villes ayant été déjà historiées, ce questionnaire s'applique seulement aux communes rurales.

logique, sous-sol, couche arable, carrières ou mines, profondeur de la nappe d'eau.

6. — *Sources et cours d'eau.* — Leur état, leur importance, leur température moyenne, poissons, etc.

7. — *Ponts, passerelles, gués.* — Situation et description.

8. — *Places, rues et ruelles.* — Nomenclature, situation, état d'entretien.

9. — *Voies de communication.* — Nomenclature, point de départ et d'arrivée, état d'entretien.

10. — *Eglises et autres monuments ou bâtiments publics.* — Situation, description archéologique, objets d'art et autres qu'ils possèdent, etc.

2° HISTOIRE.

11. — *Etymologies et origines.* — Recherches sur cet objet.

12. — *Légende ou histoire légendaire.* — Récit des faits ou épisodes merveilleux rapportés par la tradition.

13. — *Histoire politique et militaire.* — Faits généraux et particuliers dont la commune a éprouvé les fluctuations ou les désastres.

14. — *Histoire ecclésiastique.* — Anciennes juridictions religieuses, abbayes, dîmes, etc.

15. — *Histoire féodale.* — Anciens seigneurs, leurs châteaux, leurs biens, leurs droits.

16. — *Histoire communale.* — Anciennes juridictions civiles, biens communaux, faits administratifs, travaux, etc.

17. — *Hommes célèbres ou remarquables.* — Leur biographie.

18. — *Etat des sinistres.* — Leurs causes, leur étendue et détails accessoires.

3° STATISTIQUE.

Statistique civile.

19. — *Mœurs et coutumes des habitants.* — Goûts, usages, instruction, religion, préjugés, progrès, etc.

20. — *Population et mouvement.* — Dénombrement des maisons, ménages, individus; tableau des naissances, conscrits, mariages et décès pendant les dix dernières années.

21. — *Professions et industries.* — Dénombrement des

cultivateurs, des manouvriers, des commerçants, des arti-
sans.

22. — *Administration municipale.* — Composition du
conseil, liste des anciens maires avec date.

23. — *Archives communales.* — Inventaire des livres,
cahiers, liasses; mobilier de la mairie.

24. — *Service du culte.* — Budget, conseil de fabrique,
liste des anciens curés avec date.

25. — *Instruction publique.* — Ecoles et leur mobilier,
élèves des différents sexes, produit de la rétribution sco-
laire, liste des anciens maîtres.

26. — *Bureau de bienfaisance.* — Son budget, ses membres.

27. — *Impôts et budget.* — Principal et total des quatre
contributions, recettes et dépenses communales.

28. — *Sapeurs-pompiers.* — Organisation, effectif, chef.

29. — *Police municipale et rurale.* — Principaux arrêtés
en vigueur, gardes-champêtres.

Statistique agricole.

30. — *Etat et progrès de l'agriculture.* — Procédés de
culture, méthodes d'assolement, amendements, stimulants
et engrais employés.

31. — *Superficie et exploitation.* — Nombre d'hectares
en terres labourables, prés, bois, vignes, jardins, jachères
et autres superficies non cultivées.

32. — *Cultures diverses et rapport moyen.* — Tableau
des surfaces cultivées en chaque nature, rendement moyen,
quantités consommées au pays, quantités vendues et prix
de l'unité de mesure.

33. — *Instruments et machines agricoles.* — Nombre et
nature de ces objets, travail moyen produit par chacun
d'eux en une heure.

34. — *Bétail et basse-cour.* — Nombre et espèces d'ani-
maux, leur emploi, leur rendement en viande, laine, laitage
et œufs.

35. — *Prix et salaires.* — Prix de l'hectare de terre,
prés, bois, vigne; prix des ouvriers à la journée et des do-
mestiques à gages; prix des denrées alimentaires.

36. — *Richesse et revenu.* — Valeur approximative du
sol, des bâtiments, du mobilier, du bétail, revenu net.

37. — *Plan d'une exploitation agricole modèle au pays.*
— Prendre pour base d'opération une superficie de 100 hec-

tares, dans de bonnes conditions ordinaires ; en faire la ré-
partition entre les diverses cultures. Disposition des bâtiments ; nombre de personnes nécessaires, leurs occupations ;
chevaux, vaches, porcs, moutons et volailles que l'on pourra
nourrir ; soins qui leur seront donnés ; leur usage et leur
rapport. Travaux intérieurs et extérieurs en chaque saison.
Comptabilité, recettes, dépenses, bénéfice net.

Comparaison entre la vie des champs et celle des villes ;
avantages de l'une sur l'autre, conclusions.

Arcis-sur-Aube, le 18 juin 1861.

M. Thévenot a adressé au Sénat le mémoire qui précède
sous forme de pétition. Voici le rapport présenté à ce sujet
par M. Lefebvre-Duruflé, à la séance du Sénat du 27 juin,
et inséré au *Moniteur universel* du 28 :

« (N. 70.) — Le sieur Thévenot, vérificateur des poids et
mesures à Arcis-sur-Aube, voudrait que l'on ouvrît dans
toutes les mairies de l'empire français un registre destiné
à recevoir tous les renseignements topographiques, historiques et statistiques intéressant chaque commune.

» Le pétitionnaire, pour rendre plus sensible sa pensée,
l'a développée dans un questionnaire en quarante-cinq ar-
ticles, qu'il a joint à sa pétition.

» Quoique le gouvernement ait plusieurs fois adressé aux
mairies des demandes de renseignements analogues à ceux
que le pétitionnaire voudrait voir consigner sur son registre
communal, et bien que les comices répondent chaque année
à quelques-unes des questions qui y figurent, la pensée du
sieur Thévenot n'a pas moins son côté utile, et elle ne serait point indigne d'examen et d'application.

» Votre commission a donc l'honneur, Messieurs les séna-
teurs, de vous proposer le dépôt au bureau des renseignements de la pétition du sieur Thévenot.

» Le Sénat ordonne que la pétition sera déposée au bureau
des renseignements. »

Nous ne sommes pas précisément de l'avis de certains de
nos confrères qui, tout en reconnaissant l'importance et
l'utilité pratique de ce double projet, dont ils appellent de
tous leurs vœux la prompte réalisation, pensent cependant
qu'à notre époque, avec tous les journaux et les publications particulières qui se produisent à chaque instant, il
est bien difficile que des faits, même d'un intérêt secon-

daire, passent inaperçus. Sans vouloir méconnaître non plus les immenses services que rend la presse à laquelle nous appartenons, et les précieux renseignements qu'elle peut fournir au triple point de vue topographique, historique et statistique, nous ne saurions ni prétendre ni admettre que les journaux et autres publications périodiques pussent tenir lieu des *Registres d'Ephémérides Communales* dont M. Thévenot demande l'établissement au siége de toutes les mairies. En effet, ces publications ne peuvent enregistrer que les faits d'un certain ordre qui leur sont communiqués volontairement par des personnes plus ou moins dignes de foi, et qui peuvent présenter ces faits d'une manière plus ou moins exacte et impartiale. Aussi, leur en échappe-t-il nécessairement un grand nombre qu'il pourrait être souvent très-utile de recueillir au point de vue de l'histoire particulière de chaque centre. D'un autre côté, la plupart des journaux de province, — et c'est sans doute un grand tort, — ne sont pas collectionnés et conservés aux archives des mairies où l'on puisse les consulter au besoin. Enfin, et dans tous les cas, les recherches seraient toujours très-longues, très-difficiles et souvent infructueuses, et il serait réellement impossible de retrouver et d'apprendre là l'histoire locale de chaque commune.

Loin d'être une création rivale, ces registres seraient au contraire une source féconde où les journaux et les autres publications pourraient puiser une foule de faits qui leur échappent chaque jour. Du reste, l'obligation où seraient les maires d'inscrire ces faits les ferait souvent penser à les communiquer aux feuilles périodiques de la localité.

Il est vrai, comme le dit fort bien M. le Rapporteur du Sénat, que le Gouvernement a plusieurs fois adressé aux mairies des demandes de renseignements analogues à ceux que M. Thévenot voudrait voir consigner sur son registre communal, mais il est vrai aussi que rien n'oblige les maires à conserver et qu'ils conservent bien rarement une minute ou un double des renseignements qu'ils ont été appelés à fournir, et c'est précisément là ce que demande le pétitionnaire.

La Société Académique de l'Aube, qui s'est occupée de ce double projet dans sa séance du 19 juillet dernier, le trouve parfaitement disposé dans toutes ses parties pour doter chaque commune de son histoire particulière, complète et authentique ; seulement l'exécution ne lui semble pas exempte de difficulté; c'est pourquoi, en applaudissant à un projet si bien conçu et dont la réalisation serait si utile, cette Société s'est empressée d'émettre le vœu que le Gouvernement prît cette belle entreprise sous son patronage, et en fît l'objet d'un réglement général.

Nous nous empressons donc, nous aussi, d'adresser nos sincères félicitations à M. Thévenot, en lui disant combien nous nous associons d'esprit et de cœur, avec tous les vrais amis du pays, à sa pensée généreuse et féconde, et combien nous désirons vivement qu'il rencontre partout les sympathies efficaces qui seules peuvent hâter la réalisation de son beau projet.

A. Faverot.